JN411631

철조망에 걸린 반달

박 래 흥 시조시집

시와사람

박래흥 시조시집

철조망에 걸린 반달

2023년 9월 10일 인쇄
2023년 9월 15일 발행

지은이 | 박 래 흥
펴낸이 | 강 경 호
인쇄·기획 | 도서출판 시와사람
등 록 | 1994년 6월 10일 제 05-01-0155호
주 소 | 광주시 동구 양림로119번길 21-1(학동)
전 화 | (062)224-5319
팩 스 | (062)225-5319
E-mail | jcapoet@hanmail.net

ISBN 978-89-5665-687-8 03810

값 12,000원

· 지은이와의 협의로 인지를 붙이지 않습니다.
· 2022 광주광역시문화예술상 박용철문학상 지원금으로 제작하였습니다

공급처 ■ 한국출판협동조합
경기도 파주시 탄현면 오금로 30
주문전화 (02)716-5616, 070-7119-1740

철조망에 걸린 반달

■시인의 말

놀라워라!
칠흑 같은 어둠을 쨍그랑
온 세상 찬란하게 밝히며 둥실둥실
떠오른 아침 햇살은 누가 보낸 선물인가

고마워라!
보고 듣지 못해 앓던 나의 영혼
만물보다 거짓되고 부패한 내 마음
갈릴리 하계수양회 말씀으로 거듭나니

아름다워라!
당신이 창조하신 만물조화
무등산의 입석대 서석대 천왕봉
내 고향 광산구 양동 진달래꽃 개나리

사랑이어라!
메마른 고비사막 넘어서
전도서 1장 2절 헛됨을 넘고 넘어
당신은 내 영혼 속에 빛나는 사랑이시다.

2023년 9월 지산골에서
緩松 박래흥

철조망에 걸린 반달/ 차례

1 고향 가는 길

2 철조망에 걸린 반달

3 나의 5계절

4 동심속의 하루

5 영혼을 정화한 슬픔

6 아름다운 동행

7 시공時空을 떠돌다 간 바람

1

고향 가는 길

송정리 장날

3일, 8일 송정리 장날은 생선장수
엿장수 노점상들 여섯 시면 파장인데

감자 무 당근 파는 할매는 주님은총
받았는지 노을 빛 얼굴로 잠들었네

친정집 오라버님 만날 수 있는
장터가 좋아서일까
감자 무 당근 팔 생각 않고 밤중이네

앞 이빨 빠진 손자 목마 태운 꿈꿀까
저승길 둘러보는 꿈을 꿀까

술꾼만 남은 파장
돼지국밥집에 나도 외롭게 앉아있네.

고향 가는 길

1970년 1월 4일 사글세방 바닥나서
고향 가는 길에 만난 너와 나의
신신다방 설렘은
첫눈 오는 날 송정역전에 묻혔다

하~얀 송정역전 첫눈속의 첫 만남은
발자국 하나 없는 닥터 지바고의 눈길
지드의 〈좁은 문〉 알리샤를 사랑하고

테스를 사랑하고 까뮈의 이방인과
싸르트르 부조리 문학을 토론했다
정영숙 바이올린 잘 뜯는다는 여대생

來興이 判碩이로 음대가 간호대로
첫눈 오는 날의 추억
외로울수록 그리워진
순수한 그녀는 내가 처음 만난 여자다.

그리움은 희망이다

달아달아 예쁜 달아 희희희 웃는 달아
緩松이 놀던 달아 부끄럼 많은 달아
장미꽃 붉은 입술에 입 맞추는 보름달

우리는 세상물정 모르고 사랑했다
緩松이 영혼으로 사랑했던 2339
달콤한 첫사랑보다 더 영원한 그리움

은하수 저편에서 날 기다린 초승달
활활활 불이 붙은 정렬적인 보름달
황혼에 조각배 타고 즐기리라 그믐달

늦가을에는

싸늘한 바람 불어 단풍잎 떨어지고
나신의 가지마다 고독을 간직한 채
이루지 못한 정한만 남기고 간 그리움

일각이 여삼추라 햇살도 비켜서고
섬돌 밑 귀뚜라미 섧게도 울어대니
사랑을 허공에 뉘어 뒤척이는 헛헛함

찬 서리 무성하여 낙엽에 새긴 사랑
달빛 문 창가에서 그리움 더해 가니
아련타 빛바랜 추억 꺼내들어 무엇하리.

코스모스

한 잎 두 잎
가을 하늘 끌어안고 입 맞추는
유혹의 형형색색 거룩한 작은 우주
삼천리
금수강산에 코스모스 오색물결

대동강을 건너서 백두산 향해가는
통일의 오색 깃발 한잔 술로 이념 풀고
꽃밭에
누우니 꽃들은 술 냄새다 아우성

간이역

기차도 오지 않는 간이역 주막집에
뚱뚱보 아저씨가 달콤한 서울말로
지산동 숫처녀들을 유혹하는 소주방

가을비 온천지를 조준사격 하는데
기다림을 외면한 당신의 자유분방
내 깊은 사유를 꽁꽁 묶어서 구속한 밤

유혹에 빠진 처녀 술맛에 해롱해롱
그리움 분노되어 갈 곳 잃고 방황한
새벽의 긴 밤거리는 죽도록 무섭구나

맹세를 풀고 마신 술통 속 디오게네스
새벽이 비틀비틀 춤추며 돌아오고
간이역 등불 또 다시 깜박깜박 졸고 있다

내가 탈 새벽열차 어디쯤 오고 있을까
오지 않는 사랑은 전도서 1장 2절
모두가 헛되고 헛되니 헛되고 헛되도다.

담양 관방천官防川

관방제 높이 앉아 흐르는 물결 보니
방황한 내 인생 황혼으로 흘러가네
천천히 여유로운 삶 한잔 술로 즐기세

관대한 담양사람 대쪽 같은 절개가
방방곡곡 소문이 났는지 밀물같이
천만리 머나먼 길을 찾아오는 연인아

관동팔경 아무리 아름답다 하여도
방안에 걸어 놓고 보고 싶은 병풍산
천년의 모습 간직한 죽녹원의 댓바람.

들국화 2

봄여름 지산골의 청아한 바람으로
세수하고 눈물로 기다리는 그리움
무등산
아침을 닮은 눈빛으로 초롱초롱

하늘의 은총마저 거부한 군자지조
북극의 빙산보다 차가운 서릿발에
향 짙은
그 아름다운 자태로 피었구나

백두대간 심심산골 동토의 땅에서
끈질긴 생명력 온갖 유혹 뿌리치고
꿋꿋이 실천궁행한 백발의 홀어머니

새봄 꿈꾼 나뭇잎들 마음을 비우고
자연에 순종한데 거부의 미학인 양
욕망에 눈이 먼 나는 부끄럽다 무소유

거금도

막혔던 핏줄 돌듯 섬 이어준 연락선
거금도 처녀들 동경하던 녹동항구
보리피리 서러운 소록도 다리 건너
이제는 거금대교로 새롭게 꿈꾸는 섬

청향清香에 녹색치마 휘날리며
덩실덩실 춤추는 적대봉
광주교회 계림교구 형제들의
삼겹살 굽는 소리 감사의 기도소리

하나로 연합하여 축복을 창조하는
야외교제 모습은 왜 이렇게 아름다운지
수평선 넘어오는 저 보석의 섬 섬 섬
그 누가 만들어 놓은 감탄사일까

경이로운 당신의 모습
거금도 해수욕장에서 보았습니다
거룩한 당신의 음성
거금도 해수욕장에서 들었습니다

노을빛 산 너머로 해를 밀어내고
달과 별을 몰고 오는 파도소리
내 영혼 속에 당신은 살아있습니다.

백로白鷺

비단옷도 싫고 기와집도 싫은
광주천 백로의 바래버린 외로움이
남광주
새벽시장의 술잔에 넘실넘실

남광주 다리 밑에 노을이 질 때까지
홀로 서 비 맞으며 강태공 되었구나
사람은
추석이라고 고향 찾아 가는데

무소유 법정스님 닮았을까
강물을 술통삼은
철학자 디오게네스를 닮았을까

싱싱한 생선회에 햇빛만을 즐기는
백로는 보헤미안 옷도 절도 없구나.

반딧불이

남쪽 멀리서 노을빛 머리에 인
망산望山이 살며시 고개를 내밀 때

내 고향
풀벌레 요란한 울음소리에
칠흑 같은 밤이 오고

얼마나 힘든 하루였는지
가암산佳巖山 대봉산大鳳山 코골면
동심은 미래의 꿈속을 헤맨다

내 영혼 같은 반딧불이 밤하늘에
반짝반짝 유성처럼 성호를 긋는다.

불광사佛光寺

부처님 떠난 빈터 파랑수국 주황나리

목탁소리 없어도 외롭게 피었구나

예쁘다
어느 스님이 심어놓은 사랑인가

유년이 그리워도

망산望山에 비 몰아오면
마당에 널어놓은 죽순, 고사리
취나물, 누룩 어서 빨리 담아라

팽이치고 제기차고 놀다가 바쁘게
집으로 달려가는 시골의 소년 소녀
유년이 그리워도 돌아가고 싶지 않다

막걸리 한 주전자 풋마늘 고추된장
뒷동산 진달래꽃밭 넘어서 갈 때
소낙비 다 맞으며 쟁기질하시는
아버지의 한숨소리

아무리 유년이 그리워도
나는 다시 젊어지고 싶지는 않다

폭포

천~길 절벽에도 두려움이 없구나
우주의 발바닥을 사랑으로 적시며
고요한 산골짜기를 도란도란 흐르다

마음을 비운 듯이 절망을 뛰어내려
퍼렇게 멍이 들고 산산이 부서져도
폭포는 말없이 만물 생명수가 되었다

빈 땅을 다 채우고 떠나가는 당신은
그리움이 넘쳐서 흘러가는 강물이다
절망이 두렵지 않는 폭포로 살고 싶다

가암산佳岩山의 봄

세월이 별처럼 쌓이면
추억의 꽃길도 잃어버릴까

사랑을 속삭이고
미래를 약속하던 그 범바위

마당바위에 앉아
어등산, 무등산 바라보며 키운

무지개꿈 아지랑이 되어
봄 하늘을 날아가고 있었다.

2

철조망에 걸린 반달

철조망에 걸린 반달

철조망에 걸린 반달 보름달 될 때까지
하늘나라 샛별 된 누이동생 그리워
날마다 꿈길에 서서 기다리고 있겠소

6·25의 아픔이 사랑이 될 때까지
단종의 피눈물이 화룡포를 넘쳐도
날마다 긴 침묵으로 기다리고 있겠소

철조망에 걸린 반달 보름달 될 때까지
한 민족 세계사에 갈라진 한반도여
날마다 하나 될 영광 기다리고 있겠소

언어도 하나이고 역사도 하나인데
땅은 벽에 막혔어도 하늘은 열렸으니
한라산 독수리 되어 백두산을 날겠소

철조망에 걸린 반달 보름달 될 때까지
북한의 천연자원 남한의 선진기술
두 영혼 힘을 합하여 미래세계 열겠소

세월은 산을 깎고 바다를 메우는데
남남북녀 보듬고 덩실덩실 춤추며
천지가 감동하도록 노래하며 살겠소

철조망에 걸린 반달 보름달 될 때까지
미움 넘어 이념 넘어 휴전선 갈아엎어
사랑과 믿음으로써 에덴동산 만들겠소.

미사일 발사

미사일 발사는 자주해야 성공하지
첫사랑 그리움도 안 쓰면 녹 쓰는 법
고운님
사랑하려니 고물이 된 미사일

이율곡 성리학자 고고한 성품으로
박수량 정혜공의 청렴한 결백으로
한 세상
풍미했어도 사랑 없으면 허무주의

내 사랑 행복 위해 꿈꾸며 개발하고
한반도 미래 위해 쉼 없이 실험하여
우주를 향해 힘차게 미사일 발사하자

화살머리의 아침

그 날의 총소리 대포소리 들려오니
천지가 진동하고 그 포연 속 쓰러진
그 곳이 묘지가 되어 제비꽃을 피웠다

고향산천 부모 곁을 멀리멀리 떠나 온
꽃다운 학도병의 철모 뚫은 총구멍
속으로 도라지꽃이 고개를 쏙 내민다.

촉석루 의암義巖

전라도 장수고향 얼마나 배고프면
진주 남강 촉석루 푸른 기생 되었나
논개의 거룩한 희생 의암에서 보았다

적장의 주먹에 눈 퍼렇게 멍들어도
가슴속 이글이글 타오른 나라사랑
논개여
꽃다운 청춘 남강에 던진 영혼

뱃놀이 아가씨여 이 시대 넌 누구를
끌어안고 조국 위해 몸 바칠 것이냐
왜놈들 재벌이라고 보듬지는 말거라.

바다에 버린 오염수

힘없다 침략하여
내 딸 끌고 가서 위안부 삼고
우리 할아버지 작두로 목을 자르고
독도가 자기네 땅이라 억지 부리는
죗값은 여기 저기 지진으로 나타난다

파도가 울며 서서오는 쓰나미는 천벌이다
너희들 히로시마 원자폭탄
후쿠시마 원전 사고 보아라

수전노야 놀부 심보야
이기적 양심으로 자연보호 무색하게
방사능 유출하고 핵폐기물 방치하여
해양방류 한 것은 언 발에 오줌 누기

이 얼빠진 멍텅구리 바보야
너희가 버린 원전 오염수汚染水
온 바다 더럽히고
생태계 파괴하여 기형奇形을 낳아
또 다시 너의 주둥아리로 들어간다.

할머니의 기도

어둠이 눈뜨는 새벽마다 정화수로
정성껏 아들손자 잘 되길 빌고 비는
할머니
깊은 마음을 신神은 알고 있을까

6·25에 끌려간 큰아들의 무소식
가슴속에 묻어둔 검게 탄 그리움은
할머니
기도가 되어 내 영혼을 정화한다.

달걀로 바위치기

위정자는 찬성한데 유신헌법 반대냐
독립운동 해봐야 달걀로 바위치기
그런데 데모하느냐 참 멍청한 짓이다

친일해 출세한 놈
독립운동 해 망한 놈
눈뜨고 보면서도 나는 말을 잃었다
어느 날
젊은 사학史學과 선생님이 하는 말

해 뜨면 햇살 안고 뒹굴다 잠이 들듯
조국 없이 살려면 나라를 떠나거라
독립을 외치다 죽은 육사·동주 부끄럽다.

산과 바다

우주를 짊어진 산 지구를 품은 바다
아버지는 산이요 어머니는 바다다
산과 바다는 삶의 현장
아버지는 쟁기질 어머니는 호미질

산은 남근이요 바다는 자궁이다
凹凸이 조화롭게 어우러지듯
사랑은 산속 머루다래로 익고
그리움은 수평선 바다 넘어 온다

산과 바다가 아버지와 어머니가
같이 동행하면 가치가 있다
우리 모두가
같이하는 삶은 인간존엄의 가치이다

올림픽 태권도는

우리나라 국기國技가 전 세계를 누빈다
자기를 지킨 호신술 얼마나 필요한가
조상의
지혜 이으면 꿈에도 떡 얻어먹는다

세상은 승자패자勝者敗者 있듯이
기쁨슬픔 있는 거야
영원한 세월 속에 존재하는 선의 경쟁
그것은 발전을 위해 존재하는 것이다.

사색思索의 바다

지구보다 더 아름다운 세계
꽃밭, 푸른 숲, 산, 바다, 섬
어느 별에 또 숨어 있는가요

극락에도 꽃밭, 푸른 숲, 산
에덴동산보다 고요한 바다, 섬
만감萬感이 장미꽃처럼 피어나는
사색思索의 바다는 또 있는가요

해 뜨는 아침 햇살은
우리 할아버지가 조반으로 드시고
달뜨는 밤의 고요는
우리 아버지가 저녁술로 드셨던
미치도록 그리운
사색思索의 바다는 고독인가요

할아버지가 느꼈고
아버지가 느꼈고
또 내가 느낄 그리운
사색思索의 바다는 서정시인가요.

죽음을 넘어서

이별은 골고다의 십자가에 흘린 피
갈기갈기 멍들어 찢어진 한반도의
사랑은 샤르트르의 부조리가 되는데

무지개 꿈만 꾸는 남과 북은
내 가슴 모래땅에 화려한 바벨탑을
세우는 용맹스러운 돈끼호데 황당함

생명은 왕권보다 천하보다 소중하고
이산의 아픈 눈물은 감동을 주는데
김윤金尹은
통일을 악한 죄인처럼 외면하니

金멍에 尹고삐에 묶인 이념 박차고
지뢰밭 철조망 걷어내고 죽음을
넘어 저 푸른 하늘 훨훨훨 날아가리.

타향살이

흑산도 홍도 백도 완도 진도 청산도
먹구름 새털구름 섬 구름 고향은 바다
내 고향 곰실마을은 광주시 광산구다

마음을 맞추어야 균형 잡힌 두레질
천수답 물을 품어 풍년을 기원하며
고향을 떠난 방랑자 삶이 구름 같구나

행복의 디딤돌은 마음의 여유인데
세월만 따라 가면
시간의 노예 되고
타향의 아픔이기면 인생은 성공이다

기다림 8

인생은 누군가를 기다리는 시간이다
기다림의 세계는 쉽게 이룰 수 없는데
사랑은 기다림이란 씨앗에서 싹트고

내일의 무지개꿈이 꽃동산을 이룬다

겨울 뒤 봄이 오듯 우리는 소풍 와서
춤추며 노래하다 본향으로 떠난다는
시인의 눈물 미소는 기다림의 강이다

신앙도 기도하면서 기다리는 삶이다

유언

저 땅 팔면 그쪽은 돌아보지 않겠다
얼마나 고생해서 이뤄놓은 땅인데
북쪽은 팔아먹었다 남쪽사람 모르게

조상이 물려주는 전답과 종가 집은
형제자매 우애하며 팔아먹지 못하도록
피붙이 공동명의로 등기하라 유언했다

그리움 4

그리움 밀물처럼 수평선 넘어오고
기다림 지쳐서 의심되고 원망되어
결국은 미움으로 변한 무수한 시간들

사랑은 아름다움
뜬소문 비어속어
무소유 내 심장에 화살로 박히나니
눈앞이 어지러워서 사랑을 밀어낸다

사랑은 감싸주고 서로가 믿어준 것
그리워 기다리고 아무리 사랑해도
만남이 없는 사랑은 참 사랑이 아니다

내 영혼 바람 되어

파아란 하늘에다 하이얀 구름으로
그림을 그리는 한줄기 바람 되어
할매가
꿈에도 그리는 대동강도 그리고

아빠가 넘어가다 쓰러진 철조망에
구름을 몰고 가는 한줄기 바람 되어
엄마가
애타게 그리는 아빠 얼굴 그리며

흑암의 우주에다 햇빛 달빛 전하고
꽃잎을 스쳐가는 한줄기 바람 되어
우리의
소원 하나 된 한반도를 그리리라.

3

나의 5계절

나의 5계절

공란空欄은 나의 5계절 상상세계다
뻐꾸기 노랫소리 때죽꽃을 흔들면
하늘의 뭇 은하수가 우수수 쏟아지는

공란空欄의 여유는 사막의 오아시스
쓸 말이 너무 많아
박수량 무서백비無書白碑*
당신의 빈 가슴속에 내 사랑을 심으니

공란空欄의 미소는 영원한 등불이다
하얀 유혹 A포에 그린 시 세계는
사계절 보내고 남은 나의 5계절이다.

*박수량朴守良 무서백비無書白碑 : 장성군 황룡면에 있는 하얀 비석은 전라남도 기념물 제198호로 조선 명종임금이 하사하여 정혜공의 청백淸白을 세상에 천명闡明하여 귀감으로 삼게 하였다.

백목련의 미소

백목련의 미소는 내 입술에 첫사랑
나는야 하얀 그대 꽃향기 되었다면
당신은 아름다운 내 천국의 꽃이어라

혹한을 뚫고 나온 보드라운 눈빛이
나를 향한 끝없는 그리운 미소라면
세상의
꽃은 얼마나 아름답고 행복할까

해바라기 눈먼 사랑 네 마음 품었다
운명의 장난 같은 석별이 찾아와도
백목련 첫사랑만은 영원한 나의 소망

아내는 변덕쟁이

아내는 변덕쟁이 그제는 방구석의
내게 마귀 얼굴로
삼식三食아 부르더니
어제는 간식 먹으니 네 끼 놈 하더라

아내는 변덕쟁이 동창회, 결혼식장
외식하고 왔더니
등 토닥 안아주며
영식님
일식一食님이라 좋아하며 방실방실

아내는 변덕쟁이 세상이 다 변해도
소홀하면 안 되는
거안제미擧案齊眉 교훈삼아
세 끼의 따뜻한 밥상 행복으로 아소서.

단풍잎 떨어지니

울긋불긋 퇴직금 단풍들어 떨어지니
명자꽃 떨어졌고
목련꽃 떨어졌고
첫사랑 금강초롱도 땡그랑 떨어졌다

난초꽃 그리움에 동백꽃도 그리워
그 추억 황홀했던 꽃잎들 기다려도
이제는
모두가 떨어져 볼 수 없는 외로움

한탄강 흘러가듯 세월도 흘러가고
단풍잎 떨어지니 사랑도 떨어지고
황혼에 홀로 매달린 단풍잎 서럽구나.

아내의 깨달음

우리 집 마누라는 너무나 거룩해서
서방인지 동방인지 남편인지 북편인지
분별을 못하던 어느 날 아내의 깨달음

1차→2차→3차

자정이 넘도록 술 퍼마신 이유를
칠순이 넘어서야 깨달았다며
4차로 큰 양주잔을 권한다 할렐루야

해바라기 사랑

그대만 바라보며 처음처럼 살리라
먹구름 천둥 속에 그대만 기다리며
이래도 흥 저래도 興 고개를 빙글빙글

오늘은 노래하고 내일은 춤을 추고
이 세상 재미있게 흥타령을 부르며
산새들 날 찾아오며 보듬고 토닥토닥

정도리 몽돌처럼 파도에 깎이어도
바람에 찢겨져도 보름달로 웃으며
저래도 興 이래도 흥 세파에 방실방실

무등산의 기도

무등산은 날마다 기도를 합니다

광주학생독립운동 뿌리도 모르고
5·18 민주화운동에 목숨 두려워
도망간 자들이 날이면 날마다
음성도 음운도 아닌
바람소리 돌 부딪치는 음향으로
시를 써서 팔아먹고
열사처럼 자랑해도
무등산無等山은 탓하지 않습니다

박애주의博愛主義로 안아주고
무등無等처럼 둥글둥글 살아가라
겸허한 자세로 충고 한다

평화 민주주의 투사다 열사다
칭찬해 놓고 뒷구멍에 숨어서
폭도다 간첩이다 물 먹여도
무등산은 사랑의 시로써 기도한다.

막걸리

별들의 사랑노래 온 밤을 깜박깜박
개나리 진달래꽃 지고나면 벚꽃, 매화
살구꽃 핀 봄밤 홀로 막걸리를 마신다

코로나 지독한 삶
너 나 누가 이긴가
오늘밤 가슴 열고 또 한 번 붙어보자
27時 술통마개를 지근지근 밟고 간다.

가난한 내 사랑도

어디든 불문하고 사장이 언제든지
금목걸이 채워 끌고 가면 따라 가느냐
누구나 자본주의에 끌려가는 것이냐

개구리가 올챙이 시절을 잊은 듯이
이웃집 조강지처 순수한 첫사랑도
인생사 너무 힘들어 황금 캐러 갔을까

가난한 내 사랑도 믿음으로 빛났지만
참 행복 참 사랑이 무엇인지 모르면
금맥을 따라 간다는 여심 왜 몰랐을까

무등산 가는 길

찔레꽃 아카시아 피로 물든 오월에
증심교 왼쪽 길 무지개다리 건너서
돌계단 토끼등 길은 부처님의 고행 길

매는 빨리 맞아 좋고
젊어 고생 사서하듯
처음부터 피땀 흘린 골고다 언덕길
절망의 벽을 넘으면 예수님의 평강 길

화가가 그려 놓은 작설차 밭을 지나
바람재 봄바람에 봉황타고 오르면
백운대 구름 속에서 팔선녀를 만난 길

너덜겅 바위틈에 민들레 오랑캐꽃
시인의 사랑으로 초롱초롱 눈 맞추며
규봉암 오르는 길은 김삿갓 낭만의 길

땀방울 주렁주렁 토끼등 타는 재미
세월이 쌓일수록 산길은 멀어지니
산행은 희로애락의 처절한 인생의 길

이별의 슬픔

미풍에 흔들리다 마지막 떨어지는
단풍잎은 왜 이렇게 노랗고 처량할까
내 곁을 처음으로 떠나가는 여인이여

사랑의 법성굴비 무안의 세발낙지
이별의 슬픈 눈물 어떻게 감당할까
영원히 추억 속에만 간직한 사랑이여

전설의 샛별 찾아 떠나간 길이지만
사랑은 가슴 설렌 허무한 낱말일까
죽어도 못 잊을 사랑 난 보내지 않았다.

허락받은 술잔

여호와 믿음 속에 아내의 금주령인데
어제 밤엔 허락받은 술잔을 앞에 놓고
한없이 감동을 받아 눈물까지 흘렸다

기쁨이 넘쳐 슬픈 술잔이 되었을까
잘못된 추억들은 지우려 애를 써도
상처로 남아 뒤돌릴 수 영영 없구나

인생은 연습도 없이 앞만 보고 달린다.

조선대학교 장미원

누군가 흘린 피로 장미원을 만들었다
백년의 숨소리 노을빛은 아름답다
장미꽃 아름다움엔 가시가 숨어 있다

막는 건 산이거든 무느곤 못 가랴
지금은 장미축제 우리는 행복하다
언젠가 산 넘어서 올 아픔을 준비하자

슬픔은 영혼을 깨끗하게 정화 한다
미래도 변화도 없는 것은 죽음이다
장미꽃 웃음 뒤에는 눈물이 숨어 있다.

미연이네 집

원효사 꽃동네 구멍가게 미연은
무등산장 개나리 복숭아꽃 이었다
그리워
토요일 그대 산장으로 가면은

속세를 벗어난 듯 마음이 편안하고
산채나물 비빔밥 닭도리탕 도토리묵
파전에 막걸리 한잔 걸치는 재미였다

무등산에 밤이 오면 여자가 한없이
그리운 중봉의 군부대 병사들은
보름달 같은 미연이 얼굴 어른거려

그 먼 산길 넘어져 찢기며 내려왔다
술 한 잔 들어가니 21살 숫처녀의
가슴은 탱글탱글 엉덩인 덩실덩실

막걸리 장단에 노래하는 연분홍빛
미연은 천하일색 황진이 닮아서
무등산
봄밤 풍경은 정말로 무릉도원이었다.

4

동심속의 하루

동심속의 하루

누런 코 들랑달랑 진호, 상근 보이고
이복순 선생님의 풍금소리 속에서
예쁘게 미소 지으며 효순이가 나오는

푸릇푸릇 5월에 고모령顧母嶺 넘어가니
내 고향 곰실마을
취, 고사리 꺾으며
제민이 옥현, 종효가 佳岩山을 오른다

산속에 파묻히니 우리는 예쁜 봄꽃
사랑의 눈빛 속에 설렘이 없으면
세상에 아름다움은 영원히 없을 것이다.

세계 꽃 식물원에서

세계 꽃 식물원의 꽃들은 줄맞추어
붕붕붕 나팔 불고 형형색색 옷 입고
행복한 웃음소리로 퍼져가는 꽃향기

우리 집 꽃들은 술이 취해 비틀비틀
먼지 속에 파묻혀 코 골고 잠이 들면
꿈속의 꽃향기는 안개처럼 사라진다

우리 집 화분은 알록달록 쓰레기통
헝클어진 세간들 꽃술도 어지러워
천사꽃 나팔소리만 섬기며 살고 싶다.

청계천

감동의 수필시대 신인상 가슴 안고
고난의 역사 속을 첫사랑 도란도란
청계천
피라미들을 한강으로 몰고 갈 때

물총새 날갯짓은 빌딩 숲 숨 가쁜데
기도하듯 자정하며 낮은 곳 향하는 물
나의 삶
저 물과 같이 살아가자 다짐하며

백합화 꺾어보니 진달래 안고 싶고
빈곤과 살다보니 부귀영화 그리워
눈물로 넘어온 남산 황혼은 아름답다.

팔미도 백합화

파도 속 영종도와 세계도시 축전송도
거미줄 연결한 듯
인천대교 예술 속
맥아더 상륙작전의 기점인 팔미도는

백 육년 당신이 지킨 지조 그리는데
백합화 향기에
묻어온 비밀들은
신비한 자궁 속처럼 황홀한 사랑이다

환상의 처녀성을 점령한 장군처럼
내 영혼 백합향기 끌어안고 몽정한
팔미도 등대가 되어 밝히리라 황혼길.

목학木鶴

오남근* 선생님은 목공예 장인이다
장인의 꿈은 옛날부터 목학이었다

그는 이미 목학이 되어서
푸른 하늘을 훨훨 날고 있었다

장인匠人의 눈은 예리하여
우주와 소통하고 있었다

하늘로 날고 싶은 나무의
간절한 욕망을 먼저 알고 있었다

죽은 나무에 생명을 불어넣어
그의 영혼이 천년만년 날도록 하였다.

*오남근(1945~): 광주시 광산구 출생
2022년 4월 2일 KBS1 황금연못에 출연함

봉숭아꽃

봄바람 헝클어진 마음결 곱게 빗고
하얀꽃 연분홍꽃, 깔깔깔 웃어대면
장독대
홍분된 얼굴로 꽃 따러 온 처녀들

시집간 우리 누님 그리워 심었는데
빨강꽃 찧어도 주황손톱 꽃물 들고
하얀꽃 초록잎 찧어 묶어도 주황손톱

봉숭아 심은 마음 정말로 요술쟁이
사알짝 고개 밀고 염탐하는 이웃총각
짝사랑 그리운 마음 부끄러워 주황꽃

금수禽獸에게 빰맞다

그 어느 여름날 사직공원 동물원서
옆 아이들 바나나를 주었다 뺐었다
원숭일 놀려대다가 바람처럼 떠나고

우리 가족 뒤돌아 떠나려는 찰나刹那에
원숭이가 내 머리채 잡고 흔들었다
숲속의 온 매미들이 맹맹맹 노래했다

올 여름 법원에서 눈앞을 휙 날아가
깜짝 놀라 색안경 쓰고 처다 봤더니
전신주 위 물까치가 조롱하고 있었다

이상한 물까치다 생각하며 돌아선데
나의 머리꼭지를 콕 쪼고 날아간다
빛고을 온 매미들이 盲盲盲 놀려댔다

오늘은 토지문학 속으로 들어간데
똥내 난 물방울이 내 얼굴에 떨어져
하늘을 쳐다봤더니 백로가 날아간다.

하얀 마스크

밤잠을 설치면서 짠 순정의 하이얀
마스크 코로나를 예언하고 선물했나
순수한
여고 3학년 경희 얼굴 아른아른

못생긴 내 얼굴을 가려주는 마스크
코로나 시대엔 다 얼굴이 평등하다
허물은 덮어버리고 검은 눈만 깜박깜박

꽃내음 맡지 마라 자랑도 하지마라
코 입을 틀어막고 무슨 음모 꾸밀까
순정의 마스크 쓰고 웃으리라 방실방실

서산 마애불상

침묵의 바위 속에 국보로 홀로앉아
아직도 나오지 않으신 근엄하신
부처님

높은 산 마애불로 밤낮 없이 앉아
무릎이 아프시고 허리가 아프실까
밤이면 온갖 짐승 울부짖는 소리
얼마나 고독할까

저 멀리 고을고을 중생들의 어려운
삶을 걱정하고 기도하는 자비로운
마애불의 미소에 근심걱정 사라진다

거룩하신 당신께 사랑이란 무엇인가
인생이란 어떻게 살아야 하나 물어보았다.

미나리를 씻으며

미나리도 사람의 성질과 똑 같구나
한 뿌리 한 줄기로 모두가 푸릇한데
성질이 급한 한 가지 갈색으로 변했다

장미꽃 매화처럼 향기 난 자식 있고
부모 말 거역하는 못된 자식 있듯이
물속에 넣어두면 그 성질을 알 수 있다

미나리 다듬을 땐 싱싱해 천거했는데
시간이 흐른 후 오리탕을 끓이는데
갈색의 미나리는 다 시들고 썩었구나

하늘이 두렵구나 순천자 파릇파릇
모난 돌 정 맞듯 역천자 시들시들
처음에 변절한 자는 마지막 변절하구나

비 오는 날의 일기

창신집 돌쇠집서 술 한 잔 마시면서
수작을 털다보니 내 인생 황혼이네
슬프다 인생살이가 안개구름 같구나

기쁠 때나 슬플 때
한잔하고 하하 웃고
눈물방울 떨치던 곳
언제나 누님 같이
다정한
포주의 따뜻한 위로의 그 말씀

주님은 부족함이 많은 나를 인간으로
만들었는데 나는 완벽주의자 되려하니
봄날의 강뚝 개나리 소풍 와서 웃는다.

가을은 꼬마화가

가을은 크레파스로 그림을 그린다
높고 푸른 가을하늘 호수와 바다를
무지개 색깔로 산과 나무를 그렸구나

나는 그림 속에 생각 없는 짐승처럼
앉아 물처럼 바람처럼 흘러가고 싶다
가을이 오는 길목 마중 나와
당신의
가슴 깊이 남겨진 발자국이 되고 싶다.

정자 속의 시와 술

"초가삼간 집을 지어 나 한 칸
달 한 칸 청풍 한 칸
맡겨두고 강산은 드릴듸 업스니"

병풍산 빙 둘러 쳐 놓고
사계절 정철 임제 불러서
면앙정 댓바람소리에 술 한 잔
송강정 같이 올라 또 한잔하며 보리라

유하주로 송강을 오르내리며
송뢰松籟로 시심 넓힌
환벽당
식영정 성산자락 기암절벽
흐드러진 자미화 웃음소리에
못 견디게 임 그리워
사미인곡 속미인곡 읊고 대취한
취가정
청향에 술 깨어 보니
독수정에 홀로 누워있구나

그래도 외로움보다
그리운 님 만나러 소쇄원으로 가리라.

5

영혼을 정화한 슬픔

영혼을 정화한 슬픔

어느덧 푸르던 나뭇잎이 울긋불긋
백두산→설악산→한라산
낭만의 꿈

젊은 날의 아름다운 추억들
우수수 낙엽 되어 짓밟히니
고독한 계절을 홀로 뒤척이면
슬픔은 나를 깊게 만들어
영혼을 정화하고
사랑을 더욱 더 그립게 한다

죄를 물 마심같이 한
내 영혼 이끌어서
영생으로 구원하신 당신의
사랑은 영원한 명작이기 때문에
사람은 떠나가도 사랑은 남는다

슬픔은
내 마음속에 모닥불 피워
차가운 가슴 녹여 주고

낙엽처럼 떠나가버린
우리들의 영혼을 정화시켜 준다.

세월이 흘러가니

날마다 화려한 꽃밭인줄 알았는데
남의 말 너무 쉽게 듣지 말라고
세월이 흘러가니 귀머거리 되었구나

철마다 건강한 청춘인줄 알았는데
나의 교만한 입 자랑하지 말라고
세월이 흘러가니 벙어리가 되었구나

해마다 아니 늙은 줄로만 알았는데
인간의 허욕 못된 짓 보지 말라고
세월이 흘러가니 소경이 되었구나

세월이 흘러가니 오감이 꽉 막혀서
하루하루가 답답한 바보가 되었구나.

광주교회 가는 길

골고다 언덕에 하늘 향해 솟은 교회
애타게 나를 부른 찬송가에 끌려서
십자가 바라보면서 광주교회 가는 길

벌 나비 아지랑이 너울너울 춤추고
노오란 개나리꽃 연분홍 진달래꽃
반가움
참지 못하고 방실방실 하하하

만물보다 부패한 것은 내 마음인데
봄볕 같이 포근한 목사님 말씀으로
새롭게 거듭난 삶이 꽃향기로 퍼진다.

쉼표 없는 사계절

오욕칠정 성숙해 훈장 달고 덩실덩실
쉼표 없는 사계절 눈물바다 웃음단지
그제는 자랑 말라 입 마스크로 막더니

봄 오면 산에 들에 꽃향기 울긋불긋
그 입술 진달래꽃 내 가슴 개나리꽃
어제는 목련꽃 볼 수 없도록 눈멀더니

여름 오면 희망은 뜬구름 둥실둥실
푸른들 땡볕 아래 농부들 한숨소리
오늘은
새 노래 들을 수 없도록 귀 먹더니

가을 오면 결실의 기쁨으로 토실토실
향긋한 과일향기 내 가슴 파고든데
내일은 냄새 맡을 수 없도록 코 막힐까

겨울 오면 추한세상 덮는 눈 소복소복
빈부 없는 평온한 삶 하얗게 즐기는데
모레는 걸을 수 없도록 고관절이 아플까.

선암사 작설차

조계산 천년도량 노승의 염불소리
목탁소리 물소리 서방정토 드는 소리
신광수
작설차에서 은은히 들려오네

모든 것 털어버린
마음으로 선암사를
안으니 사막 같은 심장에 훙건히
작설차 흘러들어와 내 영혼 맑게 하네.

승화원 가는 길

죽은 자는 쉽고 가까운 길
산자에겐 어렵고 너무 먼 길

명문대학 공무원 합격하여 잔치하고
예쁜 여선생과 결혼해 덩실덩실 춤추고
딸 낳아 다섯 살 물정 모르고 잠자는데,
전주예수병원 장례버스에
흐르는 천근만근 무거운 침묵
37살 조카는 화장터로 가는구나!

전주 승화원
제1분향실
고인명: 김00
화로번호: 4번
화장시간: 10시10분-12시10분
상주명: 손00

모악추모공원 208호
한줌의 재 헛되고 헛되구나!
죄인처럼 넋 나간 너의 부모

모악산자락 흔드는 통곡소리
외삼촌 가슴 찢어지는 소리
들리지 않느냐 이놈아!
아무리 인명은 재천이라 하지만,
죽음 속에서 나의 길을 보았단다.

바람의 사랑

무등산 원효사 목탁소리에 깨어난
바람은 충장사 김덕령을 알현하고
충민사 계곡을 따라 깻재를 넘어와서

문병란 직녀에게 통일의 시를 읊고
오지호 화백 생가 나무와 춤을 추다
교회당 십자가 속으로 사라지는 꽃바람

지산동 나른한 오후 찻집 행복했던
추억의 내 자리에 또 다른 바람으로
앉아서 인생 쾌락만 빈 찻잔에 채우고

제석산 난초꽃의 마음을 희롱하다
싫증나면 금당산 옥녀의 품안에서
놀다가 노을빛으로 떠나는 바람둥이

이성도 바람나면 물불을 못 가리듯
부처님 바다 같은 자비도 파도인가
예수님 하늘 같이 큰 사랑도 바람인가

바람은 늘 새로운 우주를 찾아가니
꽃들이 날 두고 떠난다고 슬퍼마오
찬란한 아침햇살이 눈을 뜨니 감동이다.

촛불잔치

캄캄한 자들 세상 밖으로 몰아내고
자유와 사랑으로
더불어 사는 세상
꿈에도 그린 에덴의 동산을 만들었다

바람 속에 살아온 추억의 그리움도
사랑의 황홀함도 눈귀도 다 태워서
어둠을
밝히는 빛으로 훨훨 타 오르리라

마지막 남은 내 소망까지 무소유로
태워서 부처님께 소신공양 하는구나
십자가 예수님의 거룩한 사랑이구나.

천사의 미소

저 소녀 미완의 아픈 몸짓 보아라
꾸밈없는 표정은 천사의 미소로다
장애인障碍人
슬픔은 나의 영혼을 정화하구나

잔인함이 보기가 싫어 눈 감았구나
거짓막말 듣기가 싫어 귀 먹었구나
교만과
자랑이 싫어 벙어리 되었구나

육신의 불편함도 정신적 고단함도
하얗게 녹여버린 천사의 미소로다
매화꽃 삶의 의지로 백두산을 넘는구나.

나무

욕심을 털어내니 생각이 깊어지고
나무를 괴롭히는 바람이 아니다
춤추고 흔들리며 뿌리가 깊어진다

나무는 바람과 새가 유일한 친구이다

날마다 에어로빅 막춤을 좋아 한다
난폭하게 불어오는 태풍도 필요하다
바위를 보듬지 못한 나무는 쓸어버린다

정情없이 마르고 썩은 가진 꺾어버린다

사라짐의 미학

당신은 나의 가장 소중한 보물1호
자기의 갈 길을 찾아서 떠나간다

내 몸도 내 것이 아닌데,

하물며 네가 영원히 내 것이겠느냐

모든 것
내게서 잠시 머물다 가는 것이다

뿌리 3

뿌리는 어디든지 무수히 파고든다
땅 바위의 자궁도 깊이깊이 파고든다
어디서 언제 무엇을 왜 어떻게 파고들까

무조건 지혜 없이 파고들면 안 된다
약초 뿌린 보약으로 감동을 주지만
뿌리는 사고력으로 파고들어 가야한다

혀뿌리 잘못 놀려 비수되어 꽂힌다
손뿌리 잘못 놀려 폭행으로 감옥간다
좆뿌리 잘못 놀리면 인생은 끝장이다

무덤이 내게 하는 말

5월은 휘파람새 노래하는 청산인데
6월은 오목눈이 둥지에 탁란하고
뻐꾹새 조롱 속에서 오뉴월이 익어가는

초여름 땀을 뻘뻘 흘리며 무등산
서석대를 넘어서 천왕봉 오르는데
무덤이 내게 하는 말 뭐하려 산에 가냐

나처럼 좌청룡 우백호에 편히 누워
넓은 들 유유히 흘러가는 강물 보며
새들의 노랫소리에 새근새근 잠자지

떨어지는 것들의 슬픔

하늘은 미치도록 푸르고 티 없는데
세상은 아름답고 꽃은 피고 지는데
내 꿈은
갈등으로 얼키설키 비틀어져

꽃잎이 떨어지니 내 마음도 떨어져
꽃만도 못한 내가 꽃잎을 짓밟으니
무심히
떨어져 밟힌 꽃잎아 미안하구나!

6

아름다운 동행

아름다운 동행

예향의 눈 온 누리 하얗게 덮어버린
오늘은 금수강산 문인들이 손잡고
마음 문
다 열며 징징징 천국잔치 벌린 날

저마다 울긋불긋 개성의 꽃향기가
넘치는 무등산자락 꽃밭에 함께하니
우리는
한 꽃나무에 맺혀있는 형제자매

사막 같은 인정에 울음은 웃음 되어
서로 안고 위로해 마음을 이어주니
얼마나 거룩하고 또 아름다운 동행인가

고려의 해동제일 문장가 김황원과
조선 10대 시인들 박상 임제 김천일이
꿈꾸던
별 하나 안고 이 시대 기쁨이 되자

가사문학 효시인 관서별곡 백광홍
정철의 상상력 되고 남도 정이 되어
문학의 백미 사미인곡 속미인곡 낳았다

정약용 목민심서 민중의 시 되었고
황현의 나라 빼긴 통탄의 절명시는
민중의 애국가 되어 왜적 향해 울부짖다

보길도 풍광 노래 어부사시사 윤선도
해남의 강강술래 진도의 아리랑
예술의 꽃으로 피어 심금을 울렸으니

장성서 글자랑 마라 필암서원 김인후
충효의 무서백비 청렴결백 박수량
광산의 사단칠정론 월봉서원 기대승

민중의 가슴 파고든 쑥대머리 임방울
애절한 이별 기쁨 사랑이 뒤엉켜서
박용철
배 떠나가고 영랑 모란꽃 피었다

이젠 우리 모국어가 세계어 되었고
대한민국 문학메카 금탑이 찬란하니
오대양 육대주로 더 힘차게 나아가자

징징징 금빛 징소리 하늘 높이 울려라

난초꽃

내 가슴은 날마다 꽃피는 꽃밭이다
명자꽃 백목련꽃 동자꽃 금강초롱
꽃 중에 제일 예쁜 꽃 제석산의 난초꽃

그리움이 넘치면 내 마음은 먼 바다
아침의 문을 열면 꽃들의 고요가 모여
사랑의 눈웃음으로 달려와 방실방실

비탈에 미끌린 기다림의 끝자락에
천사의 미소 닮은 난초꽃 필 때까지
영혼의 물을 뿌리는 재미로 살아간다

꽃밭이 붉게 불타니 저녁놀이 한창이다.

그리움 5

그대가 날 부르면 웃으며 달려가리

부르는 큰 의미는 그리움 사랑이니

그대의 사랑 속에서 내 영혼 함께하리.

파도 타는 청산도

그리움 파도 넘어 너에게로 가는 봄
외로워 출렁출렁 파도 타는 청산도
장보고
위용인 듯이 손짓하는 범바위

기다리다 지쳐서 별나라 가셨을까
보이는 만물마다 시심이 솟아나니
김만옥
천재시인은 청산이 고향일까

돌담집에 잠들고 구들장논 벼 심어
군량미로 내주고 안분지족 살아간
위구환
부귀영화도 청산에 묻었구나

바다 속 물고기야 어떻게 공기 없이
숨 쉬냐 물었더니 인간은 물도 없이
어떻게
숨 쉬냐 되물어 난 하늘만 쳐다 봤다.

구개음화

'같이'와 '가치'가 발음이 똑 같은 이유

자음 ㄷㅌ, 모음 ㅣ로 시작되는 형태소를
만나면 굳이〉구지, 같이〉가치 구개음
ㅈㅊ으로 소리 나는 구개음화 현상이다

삶이란
'같이' 동행하고 사랑하면 '가치' 있다.

착각

단풍잎 떨어지는 공원벤치 홀로 앉아
히죽히죽 웃다가 하늘 향해 분노하는
사나이 두 주먹 불끈 여호와를 탓할까

파아란 가을하늘 비 오지 않는 날에
우산을 빙글빙글 하얀 이 중얼중얼
아가씨 강가에 서서 세월을 비웃을까

엔터란 모텔에서 황이사장 나온다
시청에서 사무실 오는 지름길인데
오매 저 황혼 나이에 이성을 즐길까

나사 풀린 사람들 아닐까 생각한데
귓속에 박혀있는 그 무엇 발견하고
아 내가 현대문명의 뒷골목을 헤매구나.

미황사 동백꽃은

나의 삶은 태풍에 뿌리 뽑힌
미황사 동백나무 아픔이다

눈보라 보릿고개 뚫고 피어난
검붉은 동백꽃은 이승에 두고 간
어머님 사랑의 미련이다

하늘나라 올라가서
북두칠성이 된
누이동생의 피눈물이다

아니, 그대를 향해 파도처럼
쌓이고 쌓인 나의 불타는 그리움이다

멍멍 멍

아름답던 세상은 멍멍 멍 개판이다

부딪쳐 멍멍 멍이 들고 코가 깨지고
이태원의 날벼락
오매!
어찌할까 금쪽같은 내 새끼들

술 취한 이무기 한 쌍이
쳐먹고 배설한 오염된 한강물
용산龍山의 용왕님이 뿔이 났느냐

이 한밤 빙빙 빙 돌지 않고서는
잠들 수가 없는 백성
야훼여 망가진 조국 구원하여 주소서!

벚꽃

무등산 삼사월엔 내 가슴속 설렘이
연분홍 꽃봉오리로 귀엽게 맺혔다가
어느 날
밤 하나 둘 셋 처녀성을 터트린다

잔인한 그 때 그 도시의 열흘처럼
문화전당 벚꽃은 총소리로 탕탕탕
증심사 하얀 벚꽃은 도란도란 톡톡톡

오동도 동백꽃아

오동도 동백꽃아 영혼까지 사랑했던
동백꽃 전설을 난 눈물로 믿는데
선운사
동백꽃은 내 사랑이냐 황금이냐

사랑이 그리워서 불타는 동백꽃아
그대의 입술처럼 달콤한 동백꽃아
남풍에
흔들리는 꽃 마음 알 수 없듯이

꽃향기의 주인이 어디 따로 있더냐
난초꽃 씨방은 벌 나비가 주인이고
동백꽃 꿀단지는 새 바람이 주인인데

한 세월 내 사랑만 그렸던 동백꽃
공간에 그 누가 그려 놓은 시화일까
인고의 삶이 속였나 역마살이 속였나

해안 길 한옥마을 허공만 휘젔다가
사라지는 안개처럼 이별의 슬픔만
지산골 나른한 오후 비틀비틀 걸어간다.

유은惟隱 동산

- 100주년을 축하하며

학교종이 땡땡땡 어서어서 모이자
100년 세월 동안 황금 같은 종소리
한반도 구석구석을 감탄사로 울립니다

경양호 바라보며 마음을 맑게 하고
무등을 바라보며 높푸른 하늘같은
꿈 키워
세계를 향해 날개 펴고 있습니다

종교의 성지 저 예루살렘이 있다면
광주전남에 문학메카가 있다면
빛고을 금당산 자락에
학문의 성지 유은학원이 있습니다

금융기관 누비고 배구 야구 누비더니
이제는 최고의 명성 높은 학문의 전당
인간다운 인간만을 길러내는 사학 명문
대한민국 아니 아시아를 넘어
세계의 명문 유은동산이여 영원하여라

당신께 눈을 주니

당신께 눈을 주니 죽어도 죽지 않고
아름다운 추억들 황홀한 형제자매
사랑이
내 영혼 속에 초롱초롱 빛나구나

당신께 눈을 주니 세상 욕심 사라져
어둠의 골짜기를 헤매도 힘들지 않고
생명의
빛으로 온 누리 반짝반짝 빛나구나

당신께 눈길 주니 거룩하신 그 말씀
십자가 피로 나의 죄 도말塗抹한 당신의
사랑이
내 영혼 속에 초롱초롱 빛나구나

당신께 눈길 주니 신명나서 춤추고
세상은 풍요롭고 모든 것 아름다워
영생을
얻으니 마음속 천국이 보이는구나.

판석아 빨리 가자

판석아
사람이 늙어서 십여 년 더 살면
무슨 의미가 있겠느냐

가족 친구들의 불행한 소식만 듣고
가슴만 더 아플 것 같구나

가슴에 묻는 아픔이 오기 전에
빨리 떠나는 것이 분명 행복이다

판석아
이곳저곳 기웃기웃 하지 말고
뒤돌아보지 말고 빨리 가자

저 세상 새로운 주막집서 한잔하자.

7

時空을 떠돌다 간 바람

영광으로 가는 길

지산엔 소중한 보물들이 묻혀 있다
보물창고 비밀번호 1617 열어보면
그대는 무등산자락 향기로운 난초꽃

오지호 한국자연 세기적 걸작으로
이한열 6월 항쟁 하늘나라 샛별로
문병란
화염병 대신 시를 던져 민주화로

향로봉에 달뜨면 베네치아 공주는
외로워 내 가슴에 사랑 알 낳았는데
그 알이
부활이 없는 돌알 될까 불면이다

그대의 발자국은 영광으로 가는 길
하늘이 내려주신 황홀한 사랑인데
백수 길 끝날 때까지 내 마음에 향기다

과거는 강물이고
오늘이 전분세락轉糞世樂
마음 문 열어 놓고 가난한 삶 나누며
지산의
찬송소리에 천석고황泉石膏肓 살리라.

분수대 회화나무

빛고을 지켜주던 전남도청 회화나무
푸른 귀 활짝 열고 총소리를 들었다
잎마다 눈 부릅뜨고 살육함을 보았다

피바다에 빠진 그 도시의 열흘 차마
인간의 잔인함 볼 수 없어 죽었구나
참회가 없는 인간은 짐승만도 못하다

나쁜 기운 몰아내고
행복 부른 회화나무
광주 5월 지키지 못한 양심 때문에
나무는 죽었는데 그 놈 반성도 없구나!

무등산 85

밤에는 황홀한 동침하고 시치미 뗀
아침이면 저 멀리 떨어져 보이다가
석양엔
외로워 다시 내 곁에 내려오는 산

꽃빛깔 아름답고 향기 날로 새로워
백번 천 번 올라도 또 오르고 싶은
당신은 어머니 사랑 포근한 그리움

계절마다 명자꽃 진달래꽃 동백꽃
울긋불긋 생리할 때 나를 부르는 넌
장미꽃 가시에 찔린 듯이 아픈 오월

빛고을 멍든 가슴에 산철쭉 꽃 피운다.

백목련꽃

코로나 물러가라 꽃등을 켰습니다
정 넘친 마을마다 꽃등을 켰습니다
유방암 그대 가슴에 꽃등을 켰습니다

캄캄한 세상에 꽃등 달아 반짝반짝
순결한 백목련 가지마다 주렁주렁
첫사랑 꽃잎 편지로 그리움 전합니다.

문학의 큰 잔치

해마다 눈이 내려 하얀 세상 12월에
화순온천 금호리조트 갔더니 명성 높은
팔도의 많은 작가들 희희낙락 모이네

징소리 울린 뒤에 색소폰의 잔잔한
음률 속 고을고을 흐뭇한 미담소리
만남의 황홀한 떨림 내 가슴을 울리네

도토리 키 재기인데
일류문인 삼류문인
편 가르고 서로 잘나 세상 밖 밀어내니
사랑은 혀끝이 아니라 마음속에 있다네

얼어붙은 가슴속에 모닥불 피우고
메마른 사고 속에 서정과 낭만 심어
온 몸을 녹여주는 그 곳에 꼭 가고 싶네.

가난한 시인

술기운 휘청휘청 발끝에 올라오면
검소한 이성으로 호텔도 싫다하고
골고다
언덕 같은 길 고난의 집 선택했다

시인의 분신 같이 너덜너덜 낡은 양복
순수한 바보처럼 냄새를 풍기는데
꾸밈이 보이지 않는 이슬같이 맑은 영혼

유행 따라 다닥다닥 위장된 내 양복
겉만 예쁘게 포장한 사고의 비밀을
꿰뚫는
칼날 같은 혜안의 눈빛 이실기 사백

위선권위 던져버린 정직한 서민정신
자랑 없는 겸손으로 남의 잘못 용서하는
시인의 둥글둥글한 별빛 같은 사랑이여

벌레가 나비되듯

벌레가 나뭇잎을 야금야금 갉아 먹듯
당신이 내게 주신 황금의 시간들을
허공에
매달아 놓고 방황하고 있는데

누에가 뽕잎을 봄비소리로 갉아 먹고
비단실로 집 짓고 잠자고 나올 때는
나비가
되어서 훨훨 청산으로 날아간다

벌레가 거듭나면 예쁜 나비 되듯이
에덴의 죄인들이 구원을 받고나면
영생의 하늘나라로 나비처럼 날아간다.

문학메카 징소리

불의의 권력들을 거역했던 무등산
원수도 용서하고 사랑했던 의향의
빛고을 땅에서 문인 천국의 큰 잔치

한반도 고을고을 문인들이 마음의
벽을 헐고 문학의 향기 피우는 예향
전라도 땅에서 우리 덩실덩실 춤추자

남의 아픔 내 아픔으로 쓰다듬는 문인
진실한 삶 마음속에 찬란한 별 하나
보듬고 이 시대의 뜨거운 눈물 되자

정약용 평등사상 애민정신 목민심서
정철의 조선 문학 백미는 사미인곡
윤선도 어부사시사 시가문학 으뜸이다

가사문학 백광홍 판소리는 신재효
나라 잃은 슬픔을 가슴 찢어 통곡한
임방울 쑥대머리는 대한민국 눈물이다

혼탁한 세상을 시혼으로 정화하여
아름답고 재미있는 삶으로 창조하는
영원한 이상향의 땅 문학메카로 모이자.

암적癌的 존재

겨울나무 잠꼬대 파릇파릇 돋아나고
연분홍 진달래
망울망울 눈뜨는데,
내 생명 초롱초롱한 눈망울로 웃을까

염세적 불행이나 쾌락에 빠진 행복
물방아로 돌고 돌아
찾아온 암적癌的 존재
얼마나 더 기다려야 행복의 씨 싹틀까

아무도 몰래 끼어 동행한 불청객아
벼랑 끝 나무 끝에 매달린 불안 같은
인생은 모파상의 '여자의 일생' 같구나!

황금박쥐의 눈

황금박쥐는 키엘케골 고독의 철학자
세상을 대롱대롱 거꾸로 바라보니
인간人間은 너 나 모두가 거꾸로 살아간다

흑암의 우주에서 고요를 즐기시는
철학자 눈으로 본 사람은 어리석고
사색思索과 여유를 모른 이기적 쾌락주의

천국天國을 이불삼고 공허空虛를 베개 삼아
매달린 그 영겁永劫의 고통은 얼마인가
삶이란 눈물바다가 아니고 무엇일까

삼애三愛 닭집 앞에서

인간의 세계와 동물세계 앞에서
나는 또 한 번 깊게 생각하며 갈등한다
생사生死의 큰 갈림길을 초월한 철학자일까

도살장에 들어갈 순서를 기다리는
수탉의 쾌락주의는 암탉을 괴롭힌다
성욕을 참지 못하는 수탉의 본능일까

집행관이 독약을 준비하는 동안에
죽음 앞에 노래를 연습한 소크라테스
누군가 신음하듯이 안타까운 소리로

지금 이 자리에 그게 무슨 소용이오
소크라테스는
"아니요 그래도 죽기 전에
노래 한 소절을 알고 가면 좋지 않겠소"

힘든 상황 속에서 미래 위해 희망을 준
스피노자는

"내일 지구 종말이 온다 해도
난 오늘 한 그루의 사과나무를 심겠소"

이 짧은 순간의 소크라테스, 스피노잔
절체절명絶體絶命의
철학자 시인이 아니던가
난 삼애 닭집 앞에서 생각하며 갈등한다.

오! 스님이 되었네

어느 날 가발 쓰고 병원 가는 아내에게
'오 스님이 되었네' 말했다가 혼쭐 났다
암 걸려 머리가 다 빠져 죽느냐 사느냐

태산 같은 걱정인데 농담이 나오느냐
'에끼 소갈머리 하나 없는 인간아'
망치로 내리치구나 내 속없는 대갈통

푸켓의 밤

야자 숲 3층 호텔 창문 열면 새소리
온 종일 울부짖는 공포의 파도소리
수평선 넘어가는 저배 어디로 가는지

푸켓의 생일파티 축배의 노랫소리
이국의 밤을 깨운 세계의 관광객들
수평선 어부는 바다를 쟁기질 하구나

파도는 상어처럼 아가리를 벌리고
우리를 삼킬 듯이 달려오고 있지만
보드란 백사장 모렌 행복한 자유였다.

- 1998년 8월 20일

구원의 길

샛노란 은행잎이 말없이 떨어지듯
의자왕 삼천궁녀 꽃잎처럼 떨어진
낙화암
슬픈 역사를 노래하지 마소서

증심사 뒤안길 구절초의 교만이
거룩한 부처님의 겸손을 조롱할 때
광주천 나신의 금발머리 갈대는
누구의
구원을 위해 씻김굿을 하는가

골고다의 창끝이 사랑을 찌를 때
십자가에 흘리신 당신의 보배로운
핏물이 큰사랑임을 깨닫게 하소서

불타는 숭례문

한양에 처음으로 올라온 무식쟁이
삼남 촌놈 말로 듣던 숭례문 앞에서
잘난 체
'남대문이라 글씨 참 잘 썼구나.'

한양건달 촌놈임을 금방 알고 서울역
뒷골목 끌고 가서 때리고 돈 뺏었던
남대문 풍자익살로 촌놈골탕 먹였다

대한민국 국보1호 숭례문 우리민족
자존인데 욕심이 앙심 되어 불태웠다
세계의 눈 부끄러워 고개들 수 없구나.

망산望山

바라볼 수 있다는 그것이 희망이다
얼마나 그립고 아름다운 신비인가
거룩한 사랑과 이별도 살아 있기 때문이다

망산을 바라보면 내 사랑이 보이기에
나는 삶이 전도서 1장 2절 말씀처럼
헛되고 헛되다고는 말하지 않으리라

얼음장 밑에서도 움츠리던 꿈들이
봄빛을 품고 환한 꽃으로 피어나고
우주가 거울 속처럼 보이기 때문이다.

시공時空을 떠돌다 간 바람

첫날에 응애응애 시공에 태어나서
빈손으로 오아시스 찾아 땀 흘리며
인생길 시공을 떠도는 바람으로 살았다

바람처럼 떠돌다 머무는 곳 고향이다
그리움이 수평선 넘어 파도처럼 밀려와
바윗돌 같은 내 가슴에 부딪쳐 깨어지고

황혼에 로댕의 생각하는 사람으로
앉아보니 청춘의 부귀영화 노을빛도
인생은 비바람이요 전도서 1장이더라

|작품론|

존재방식 탐구와 장소성, 그리고 통일지향의 미학

-박래흥 시조시집 『철조망에 걸린 반달』

강 경 호
(시인, 한국문인협회 평론분과회장)

1.

서정시는 삶의 의미를 발견하고 정서를 순화시켜 참된 가치를 제시하는 언어예술이다. 그러므로 시인의 삶과 현실을 반영한다. 불화와 모순이 존재하는 현실을 바라보는 시인은 당연히 선을 지향하며 극복의지를 형상화시켜 보다 나은 미래를 지향한다.

박래흥의 시집 『철조망에 걸린 반달』은 서정시의 본질에 충실하다. 노년에 접어든 삶을 통해 가난했지만 순수했던 청년시절을 회상하고, 그리워하며 그때의 순수를 회복하고자 한다. 이는 세월에 찌든 자신의 모습을 버리고 새롭게 거듭나고자 하기 때문이다. 이러한 삶의 태도에서 새로운 삶의 방식을 모색하며 순수를 지향하고 성찰의 태도를 보여주고자 자연과 사물을 통해 길을 모색한다.

한편 박래흥의 시집은 장소성이 지닌 역사성과 고향의

식을 고취하여 그 장소가 갖는 의미를 되새기고 역사적 비극을 되풀이해서는 안 된다는 결의를 다짐한다. 박래홍 시의 또 다른 경향은 식물성이미지들에 대한 천착이 아름답다. 꽃을 노래한 시편들에서 꽃이 지닌 고유성인 미적 깊이를 인간의 삶에 대입시켜 자신의 삶에 적용시키고자 한다. 그리고 이번 시집에서 박래홍 시의 미덕인 분단이데올로기 해소를 위한 노력은 그 의미가 깊다. 거대담론이 사라진 오늘, 우리 민족문학의 가장 큰 과제인 분단이데올로기 해소를 간절하게 노래하고 있어 주목된다.

박래홍의 시는 일상의 언어로 직조되어 매우 독자친화적이다. 언어를 비틀고 왜곡하여 알 수 없는 기괴한 해적시가 난무하는 시의 위기시대에 그의 시는 독자들을 불러오게 하는 힘을 통해 우리시의 위기를 타개하는데 앞장서고 있다.

2.

청년은 미래를 바라보고 노인은 과거를 바라본다는 말처럼 청년시절 열심히 일하다 세월이 지긋해지면서 옛일을 회상하는 것은 보편적인 일이다. 이러한 과정은 생로병사의 자연스러운 섭리이다. 서정시는 이러한 시간의 흐름 속에서 마주치는 정서적 사건들을 형상화시킨다.

초로에 접어든 박래홍 시인은 순수했던 청년시절의 열정을 회억하며 그리워한다. 삶에 열중하는 동안 잃어버린 순수와 순정한 마음을 다시 회복하고자 하는 경건한 의식이다.

1970년 1월 4일 사글세방 바닥나서
고향 가는 길에 만난 너와 나의
신신다방 설렘은
첫눈 오는 날 송정역전에 묻혔다

하~얀 송정역전 첫눈속의 첫 만남은
발자국 하나 없는 닥터 지바고의 눈길
지드의 〈좁은 문〉 알리사를 사랑하고

테스를 사랑하고 까뮈의 이방인과
싸르트르 부조리 문학을 토론했다
정영숙 바이올린 잘 뜯는다는 여대생

來興이 判碩이로 음대가 간호대로
첫눈 오는 날의 추억
외로울수록 그리워진
순수한 그녀는 내가 처음 만난 여자다.

-「고향 가는 길」 전문

1970년도면 50여 년 전의 까마득한 과거이다. 스무 살 언저리 문청시절, 박래흥 시인과 박판석 시인은 무척 절친이었나 보다. 인생의 도반으로서 지금까지 우정을 나누며 서서히 황혼녘에 다가가는 두 시인의 청년시절, 일 년 중 가장 추운 날 "사글세방 바닥나서/고향 가는 길에" 만나 송정역 신신다방에서 첫눈을 바라보며 차를 마셨나보다. '첫눈'이라는 객관적 상관물을 통해 「닥터 지바고」의 명장면인 눈 내리는 시베리아를 떠올리며 평생의 친구가

된 두 사람의 만남을 추억한다. 이후 국문과 학생 신분이었기에 「좁은 문」의 "알리샤를 사랑하고" "테스를 사랑하고 까뮈의 이방인과/싸르트르 부조리 문학을 토론"하며 자신들의 꿈인 문학가의 꿈을 키웠다. "첫눈 오는 날" "외로울수록 그리워진" 화자는 '음대'와 '간호대'로 몰려다니던 그 시절에 "순수한 그녀"를 만났다. '첫눈'을 매개로 하여 친구 '판석'이와 첫사랑 그녀를 추억하는 이 작품에서 '첫눈'은 화자의 인생에서 만난 두 사람과 오버랩시키는 매제 작용하고 있다.

대학시절의 순정한 청년의 아름다운 기억은 「간이역」에서도 오래된 필름처럼 떠오른다.

기차도 오지 않는 간이역 주막집에
뚱뚱보 아저씨가 달콤한 서울말로
지산동 숫처녀들을 유혹하는 소주방

가을비 온천지를 조준사격 하는데
기다림을 외면한 당신의 자유분방
내 깊은 사유를 꽁꽁 묶어서 구속한 밤

유혹에 빠진 처녀 술맛에 해롱해롱
그리움 분노되어 갈 곳 잃고 방황한
새벽의 긴 밤거리는 죽도록 무섭구나

맹세를 풀고 마신 술통 속 디오게네스
새벽이 비틀비틀 춤추며 돌아오고
간이역 등불 또 다시 깜박깜박 졸고 있다

내가 탈 새벽열차 어디쯤 오고 있을까
오지 않는 사랑은 전도서 1장 2절
모두가 헛되고 헛되니 헛되고 헛되도다.

-「간이역」 전문

이 작품에서 '간이역'은 특정한 공간을 지칭하는 장소일 수도 있지만 인생이라는 철길을 가는 중간에 만난 역으로도 읽힌다. 청운의 부푼 꿈을 안고 인생길에서 "기차도 오지 않는 간이역"에 이른다. 간이역엔 주막집이 있고 "뚱뚱보 아저씨가 달콤한 서울말로/지산동 숫처녀들을 유혹하는" 공간이다. 가을비가 내리는 밤 화자는 누군가를 기다리고 있다. 그러나 기다리는 사람은 오지 않고 화자는 깊은 생각에 빠진다. 그리고 누군가에 대한 "그리움 분노되어 갈 곳 잃고" 새벽 밤거리를 방황한다. 가난한 철학자 디오게네스처럼 술에 취해 집으로 돌아오는 시간, 간이역 등불도 깜박거린다. '비틀비틀' 의태어와 간이역 등불의 '깜박깜박'은 서로 충돌하면서도 방황과 존재성을 드러내는 표지로써 '간이역'이 인생길 중에서 거쳐 가는 역으로 인식되고 있다. 이때 화자는 "내가 탈 새벽열차 어디쯤 오고 있"는 지가 궁금하다. '새벽열차'는 새로운 출발을 말한다. 그러나 "오지 않는 사랑"이라며, 삶의 무정함과 헛됨을 노래한다.

그렇다고 시인은 인생을 허무하다고 여기지 않는다. 사랑을 기다리고 신뢰하는 일이 헛되다고 하는 것이다. 믿음이 전제되는 것이 사랑이거늘, 인생 자체를 부인하지 않는다.

그 밖에 과거를 회상하는 시편 「망산望山」은 '산을 바라본다'는 의미이지만, 짐작컨대 시인의 고향에 있는 산이 아닌가 싶다. 망산을 바라보는 시인의 마음이 어떠한지를 잘 보여준다. "바라볼 수 있다는 그것이 희망"이라고 화자는 말한다. 희망 속에는 '희노애락'이 깃들어 있는 것이어서, "내 사랑 옛 추억"이 보이고, "내 삶이 어려워도" '헛되고 헛되다'고 말하지 않겠다고 한다. 이러한 인식은 시인이 지나온 삶을 기억하며 얻은 깨달음이다.

「유년이 그리워도」 역시 유년을 회상하는 시편이다. "망산에 비 몰아오면/마당에 널어놓은 죽순, 고사리/취나물, 누룩"이 비 맞지 않도록 치워야 했다. 그러므로 놀다가도 집으로 달려가야 한다. 그리고 "소낙비 다 맞으며 쟁기질 하시는/아버지의 한숨소리"를 듣는 일은 화자에게 견디기 힘든 고통이었을 것이다. 그런 까닭에 화자는 "유년이 그리워도 돌아가고 싶지 않다"고 말한다. 그러나 화자가 유년으로 되돌아가고 싶지 않다고 진술하는 것은 진실이 아니다. 유년의 고통스러운 일들과 마주하고 싶지 않은 마음을 드러낸 것뿐이기 때문이다. 실은 되돌아갈 수 없는 유년을 그리워하고 있는 것이다. 「그리움은 희망이다」가 이를 말해준다. 밝은 달밤 "우리는 세상물정 모르고 사랑했다"고 진술한다. 세상물정 모르고 시정의 욕망에 물들지 않은 때이므로 "완송緩松이 영혼으로 사랑했던 2339"는 "달콤한 첫사랑보다 더 영원한 그리움"이라고 한다. 여기에서 '2339'가 지칭하는 것이 분명하지 않아 이 대목을 구체적으로 알 수는 없지만 가지가 늘어진

기품있는 소나무와 밝은 달밤의 정경이 눈앞에 선하다. 화자는 이렇듯 아름다운 날을 그리워하고 회상하고 있다.

3.

박래흥 시인의 이번 시집에서 가장 큰시적 관심사는 삶을 관조하며, 삶이 무엇인지를 묻고, 깨달음과 성찰의 태도를 보여주는 작품들이다. 인간의 삶은 세월이 더해지면서 자신을 돌아보며 그동안 지나온 생을 살피게 된다. 청년시절의 순수와 아름다움을 잃고 욕망을 좇아가다가 보낸 시간들에 대해 안타까워하고 괴로워한다. 더불어 그동안의 삶에 대한 회한과 함께 새로운 삶을 살아가고자 한다. 때로는 자연을 통해, 때로는 신앙을 통해, 그리고 오래 잊었던 신념을 통해 새로운 길을 모색한다. 이러한 과정과 행위는 서정시가 추구하는 본질과 맞닿아 있으며, 인간다움을 추구하는 본성이다.

날마다 화려한 꽃밭인줄 알았는데
남의 말 너무 쉽게 듣지 말라고
세월이 흘러가니 귀머거리 되었구나

철마다 건강한 청춘인줄 알았는데
나의 교만한 입 자랑하지 말라고
세월이 흘러가니 벙어리가 되었구나

해마다 아니 늙은 줄로만 알았는데
인간의 허욕 못된 짓 보지 말라고
세월이 흘러가니 소경이 되었구나

세월이 흘러가니 오감이 꽉 막혀서
하루하루가 답답한 바보가 되었구나.
-「세월이 흘러가니」 전문

누구에게나 청춘은 있는 법이지만 영원하지 않는 한때의 시간이다. 화자는 "날마다 화려한 꽃밭인줄 알았"다고 한다. 그래서 건강하고, 늙지 않을거라고 생각했다. 그러나 "세월이 흘러가니 오감이 꽉 막혀서/하루하루가 답답한 바보가 되었"다고 탄식한다. 그러는 동안 "남의 말 너무 쉽게 듣지 말라고" 귀머거리가 되고, "교만한 입자랑 말라고 벙어리가 되었"다. 뿐만 아니라 "허욕 못된 짓 보지 말라고" 소경이 되었다. 시제가 말하듯 '세월이 흘러가니' 세월이 많은 깨달음을 준다. 나이 들어가며 교만과 허욕 등을 체험하며 마침내 "답답한 바보가 되었"다는 화자의 진술은 귀, 입, 눈을 포함한 감각기관이 막혀 듣지 못하고, 말하지 못하고, 보지 못하게 되었다는 뜻이다. 참다운 인간이 되는 길이 오감을 마비하거나 상실하는 아이러니라니 놀라운 일이긴 해도 인간이라는 존재가 지닌 속성을 잘 묘파하고 있다.

「세월이 흘러가니」에서 '세월'은 '성찰'에 이르게 한다. 「서산 마애불상」 또한 '사랑'이 무엇이며 인생이란 무엇인지 삶의 방식에 대해 묻는다.

침묵의 바위 속에 국보로 홀로앉아
아직도 나오지 않으신 근엄하신
부처님

높은 산 마애불로 밤낮 없이 앉아
무릎이 아프시고 허리가 아프실까
밤이면 온갖 짐승 울부짖는 소리
얼마나 고독할까

저 멀리 고을고을 중생들의 어려운
삶을 걱정하고 기도하는 자비로운
마애불의 미소에 근심걱정 사라진다

거룩하신 당신께 사랑이란 무엇인가
인생이란 어떻게 살아야 하나 물어보았다.

-「서산 마애불상」 전문

충청남도 서산군 가야산 바위에 새겨진 서산 마애삼존불상은 백제시대 후기에 만들어진 국보84호로 빼어난 조각과 더불어 미소가 아름답기로 유명하다. 화자는 마애불을 보고 난 후 침묵의 바위 속에 홀로 앉아 천년이 넘는 세월 동안 밖으로 나오지 않는 부처에 대해 많은 생각을 하게 된다. "높은 산 마애불로 밤낮 없이 앉아/무릎이 아프시고 허리가 아프실까/밤이면 온갖 짐승 울부짖는 소리/얼마나 고독할까" 하고 걱정한다. 이러한 시선은 인간적인 것일 뿐 바위 속에 들어있는 부처는 "고을고을 중생들의 어려운/삶을 걱정하고 기도하는 자비로운" 미소를 짓고 있다. 주지하다시피 마애불은 바위 위에 새긴 부조이다. 그 옛날 어느 석공이 있어 산중에 부처님 상을 새겨 생명의 호흡을 불어넣어 자애로운 미소로 산 아래 중생들을 바라보게 한다.

화자는 마애불을 바위로 바라보지 않고 중생들을 걱정하는 부처로 인식하는 까닭에 "거룩하신 당신께 사랑이란 무엇인가/인생이란 어떻게 살아야 하나 물어보"는 것이다. 천년이 넘는 세월 동안 바위 속에서 미소를 짓는 부처상에 비해 인간은 지극히 짧은 생을 살다 가는 유한한 존재이므로 국보로 지정된 '서산 마애불상'은 화자가 바라볼 때는 영원성을 지닌 존재로 인식된다. 그러므로 오래 중생들의 삶을 살펴온 부처님에게 사랑이 무엇이며, 어떻게 살아야 하는지를 물으며 삶의 이정표를 찾는 것이다.

이밖에도 성찰과 깨달음의 시편은 무수히 많다. 「나무」에서 바람이 불어 나무가 흔들릴지라도 오히려 뿌리가 깊어짐을 통해 시련으로 견고해지는 존재의 근성을 노래하고, 「황금박쥐의 눈」은 '황금박쥐'를 고독한 철학자로 변용하여 거꾸로 살아가는 인간의 어리석음을 탐구한다. 「백로」는 남광주 다리 밑 광주천에서 하루 종일 생존을 위해 먹이를 노리는 백로의 모습에서 고단한 생명이지만 커다란 욕망을 버리고 자족하는 정신성을 발견한다. 「반딧불이」에서는 고향 망산의 칠흑 같은 밤, 빛나는 반딧불이에서 유성처럼 성호를 긋는 모습에서 맑은 영혼과 신성성을 깨닫기도 한다. 그리고 지난 3여 년 동안 코로나 팬데믹으로 인류를 위기에 빠지게 했던 것을 상기시키며, 마스크를 쓴 인간의 모습에서 코, 입을 틀어막은 절대적인 존재의 뜻을 발견한다. 그리고 「나의 5계절」에서는 조선 중기의 문신 박수량의 백비白碑를 통해 청렴한 선비의 삶을 읽고 화자도 스스로의 삶을 성찰하고자 한다. 박수량의 백비에 아무런 비문이 없는 것은 청렴한 선비의 삶을 반영한 것으로 욕망을 비운 인간의 표상이라는 것을 화자는 시에서 전제하고 있다. 이처럼 박래홍 시인의 내면에 깃든 정신성은 인간이 어떻게 살아야 하는지를 자연과 사물을 통해 극명하게 질문하고 또 스스로 대답을 구하고 있다.

4.

예로부터 '꽃'의 이미지는 아름다운 존재로 인식되어 많은 시인들의 시적 소재가 되었다. 꽃은 부드럽고 연약해 보이지만 치명적인 아름다움으로 뭍 시인들의 사랑을 받았다. 꽃이 아름다운 것은 오래 피어있지 않고 사라지기 때문이다. 박래홍 시인의 시집에서도 '백목련' '동백' '해바라기' '백합' '봉숭아' '난초' '코스모스' '들국화' 등 다양한 꽃을 통해 순결, 첫사랑, 황홀, 그리움, 지조 등 여러 의미로 읽히고 있다.

「백목련의 미소」는 '첫사랑'처럼 그리운 미소가 되었다.

> 백목련의 미소는 내 입술에 첫사랑
> 나는야 하얀 그대 꽃향기 되었다면
> 당신은 아름다운 내 천국의 꽃이어라
>
> 혹한을 뚫고 나온 보드라운 눈빛이
> 나를 향한 끝없는 그리운 미소라면

세상의
꽃은 얼마나 아름답고 행복할까

해바라기 눈먼 사랑 네 마음 품었다
운명의 장난 같은 석별이 찾아와도
백목련 첫사랑만은 영원한 나의 소망

-「백목련의 미소」 전문

"백목련의 미소는 내 입술에 첫사랑"이라고 노래함으로써 '백목련'을 첫사랑으로 의인화하였다. 대상을 의인화함으로써 인격과 영혼을 부여받은 '백목련'은 화자의 연인이 되었다. 백목련은 봄날 하얀 꽃을 피우며 아름다운 자태를 드러낸다. 백목련은 화려한 색깔을 지니지 않았지만 자태가 주위를 환하게 한다. 또한 조선 여인의 자태처럼 소박하지만, 미소가 아름답고 향기가 그윽하다. 그러므로 화자는 "당신은 아름다운 내 천국의 꽃이어라"라고 사랑스러운 마음으로 백목련을 바라본다.

이때 백목련은 "혹한을 뚫고 나온 보드라운 눈빛"이어서 화자를 "향한 끝없는 그리운 미소"를 지을 것이다. 그런 까닭에 세상의 모든 꽃들은 아름답고 행복할 것이라고 화자는 말한다. 어쩌다 "운명의 장난 같은 석별이 찾아와도" '첫사랑 백목련은 나의 영원한 소망'이라며 사랑이 영원하기를 소망한다.

나의 삶은 태풍에 뿌리 뽑힌
미황사 동백나무 아픔이다

눈보라 보릿고개 뚫고 피어난
검붉은 동백꽃은 이승에 두고 간
어머님 사랑의 미련이다

하늘나라 올라가서
북두칠성이 된
누이동생의 피눈물이다

아니, 그대를 향해 파도처럼
쌓이고 쌓인 나의 불타는 그리움이다
-「미황사 동백꽃은」 전문

「미황사 동백꽃은」에서 '동백꽃'을 가족사의 아픔을 나타내는 기표로 설정하고 세상 떠난 가족에 대한 그리움을 토로하고 있다. "나의 삶은 태풍에 뿌리 뽑힌/미황사 동백나무 아픔"이라고 전제하고 "눈보라 보릿고개 뚫고 피어난/검붉은 동백꽃은 이승에 두고 간/어머님 사랑의 미련"임을 밝힌다. '눈보라' '보릿고개'는 시련과 배고픔을 말하는데, 어려운 시절을 살다간 어머니에 대한 그리움이 '동백꽃'으로 피어남을 의미한다. 가족사의 상처는 그뿐만이 아니어서 "하늘나라 올라"가 "북두칠성이 된/누이동생"을 잃은 고통의 피눈물이 '동백꽃'으로 피어났다는 인식에 이른다. 동백꽃은 색채이미지가 핏빛이어서 죽음을 나타내는 상징으로 읽힌다. 이 작품을 '동백꽃' → '핏빛' → '죽음'의 의미로 변용시키고 있는데, 결과적으로 가족사의 아픔을 '동백꽃'이라는 시적 대상에게로

전이시킨다. 그러므로 화자는 '그대'로 상징되는 대상을 향해 "파도처럼/쌓이고 쌓인 나의 불타는 그리움"이라는 감정을 드러내고 있다.

앞에서 보았듯이 시적 은유로 '동백꽃'을 '각혈' '피' 또는 '죽음'으로 인식하는데, 박래흥 시인 또한 이러한 인식과 궤를 같이하면서 '그리움'의 대상으로 '동백꽃'을 바라보고 있다.

이밖에 '꽃'을 노래한 「봉숭아꽃」에서는 봄날 장독대 아래 피어난 "하얀꽃 연분홍꽃, 깔깔깔 웃어"댄다고 봉숭아꽃을 천진난만한 어린아이로 묘사한다. "시집간 우리 누님 그리워 심"은 봉숭아꽃으로 손톱에 물들였던 추억을 그리워하며 "봉숭아 심은 마음 정말로 요술쟁이"라며 이전의 작품들과는 다르게 매우 활달한 정서를 표출한다. 「난초꽃」에서는 화자가 자신의 가슴을 "날마다 꽃 피는 꽃밭"이라고 한다. 가슴에 온갖 꽃이 피었으니 행복할진대 "꽃 중에서 제일 예쁜 꽃"이 "제석산의 난초꽃"이라고 말함으로써 화자가 난초꽃을 마음에 두고 있음을 밝힌다. 꽃은 언제나 "사랑의 눈웃음" 지으며 "방실방실" 웃는 존재이다. 화자는 "난초꽃 필 때까지" "영혼의 물을 뿌리는 재미로 살아"간다고 고백하는데, 난초꽃에 대한 그리운 감정을 드러낸다. 「코스모스」에서 화자는 '코스모스'를 '우주'로 인식한다. "삼천리/금수강산"으로 대변되는 우리 국토에 "오색물결"을 이루어, 마침내 "대동강 건너서 백두산"을 향하는 통일에의 소망에 이르는 '통일꽃'으로 의미를 확산시킨다. 「들국화 2」에서는 들국화의 지조와 생명력을 노래하며, 한편으로는 자기성찰에 이르게 하는 기표로서의 꽃으로 생명력을 부여한다.

5.

장소성은 특정한 공간에 대한 인식이 투사되어 있다. 또한 공간, 즉 장소는 엄연한 실존의 조건이며 토대이다. 사람은 장소를 사는 존재이다. 그러므로 사람이 살지 않은 공간은 죽은 땅이다. 사람은 땅에서 와서 땅으로 돌아간다. 사람이 살아가는 땅은 장소와 지각공간의 인지와 경험이 이루어지는 바탕이다. 삶은 그것을 구체적이고 직접적으로 경험하고 그 경험의 맥락과 연관성 안에서 인성이 형성되고 감정이 영향 받는 일을 배제하고는 성립될 수 없다. 이렇듯 인간은 장소가 없다면 존재할 수 없다. 육체가 장소를 점유하기 때문이다. 그러므로 장소는 몸과 정신의 실존을 품고 그것이 피어나게 하는 자리이며, 모든 원초적 경험의 바탕이다. 그런 까닭에 사람과 함께하는 장소는 수많은 서사를 간직하고 있으며, 경험이 축적된 장소에는 그 장소만의 특별함이 투사되어 있다.

박래흥 시인의 시편에서도 장소는 시적 배경으로 등장한다. 주로 그가 삶을 영위하고 있는 '광주'가 그 지점이다. 광주를 떠올릴 때 '역사성'이 먼저 생각한다. 근현대사의 질곡을 고스란히 체험한 역사의 현장이다. 더불어 수많은 위인들의 삶과 연관된 독특한 이야기도 배태되어 있다.

빛고을 지켜주던 전남도청 회화나무
푸른 귀 활짝 열고 총소리를 들었다
잎마다 눈 부릅뜨고 살육함을 보았다

피바다에 빠진 그 도시의 열흘 차마
인간의 잔인함 볼 수 없어 죽었구나
참회가 없는 인간은 짐승만도 못하다

나쁜 기운 몰아내고
행복 부른 회화나무
광주 5월 지키지 못한 양심 때문에
나무는 죽었는데 그 놈 반성도 없구나!

「분수대 회화나무」 전문

옛 전남도청은 근현대사의 비극의 현장이다. 1980년 5월, 이른바 광주민중항쟁 최후의 격전지이다. 한마디로 말해서 계엄군이 일방적으로 옛 도청을 사수하고 있던 시민군을 학살한 장소이다. 그곳에는 오래된 회화나무가 대여섯 그루가 있었는데 광주시민들을 학살하는 모습을 지켜보던 나무들이다. 지금은 모두 고사하여 마지막에 죽은 회화나무 고사목 한 그루가 남아있을 뿐이다. 화화나무는 식물성만을 나타내지 않는다. "푸른 귀 활짝 열고 총소리를" 들었고 "잎마다 눈 부릅뜨고 살육"을 본 비극적인 근현대사의 증표이다. 광주민중항쟁 이후 모두 죽은 회화나무를 "인간의 잔인함 볼 수 없어 죽었"다는 화자의 인식태도는 회화나무가 광주시민들의 아픔과 함께한다는 인식이 깃들어 있다. 옛 도청과 더불어 도청 광장의 분수대 또한 역사의 현장이어서 '분수대'가 구조물로서 뿐만 아니라 장소적 의미를 지닌다. '회화나무' 역시 사물로써 뿐만 아니라 분수대처럼 특별한 장소성을 갖는다.

다음의 「무등산의 기도」 또한 '무등산'이라는 역사성이 깃든 장소성을 노래하고 있다.

무등산은 날마다 기도를 합니다

광주학생독립운동 뿌리도 모르고
5·18 민주화운동에 목숨 두려워
도망간 자들이 날이면 날마다
음성도 음운도 아닌
바람소리 돌 부딪치는 음향으로
시를 써서 팔아먹고
열사처럼 자랑해도
무등산無等山은 탓하지 않습니다

박애주의博愛主義로 안아주고
무등無等처럼 둥글둥글 살아가라
겸허한 자세로 충고 한다

평화 민주주의 투사다 열사다
칭찬해 놓고 뒷구멍에 숨어서
폭도다 간첩이다 물 먹여도
무등산은 사랑의 시로써 기도한다.

-「무등산의 기도」 전문

'무등산'은 '광주'의 동의어이다. 광주의 역사성을 말할 때 흔히 '무등산'을 '광주'의 의미로 대체 사용한다. 우리나라 도시 중 유일하게 1,000m 이상의 산과 시내가 함께하고 있어 광주시민들은 무등산을 자상한 어버이처럼 여긴다. 그러므로 화자가 "무등산은 날마다 기도한다"고 진술할 수 있는 것이다. 민주주의의 성지이며 인권도시인 광주는 일제강점기에 '광주학생독립운동'을 통해 일제에 저항하였고, 항일정신은 '5·18민주화운동'의 촉매제가 되었다. 그런데 이러한 광주의 빛나는 역사를 "시를 써서 팔아먹고/열사처럼 자랑"하는 사람들이 있다고 화자는 지적한다. 이러한 사람들은 목숨이 두려워 "5·18 민주화운동에 목숨 두려워/도망간" 비겁한 자들이라고 한다. 묵묵히 고통스럽게 광주민중항쟁을 지켜본 무등산은 이들을 탓하지 않는다. "박애주의博愛主義로 안아주고 /무등無等처럼 둥글둥글 살아가라" 충고한다. 뿐만 아니라 "평화 민주주의 투사다 열사다/칭찬해 놓고 뒷구멍에 숨어서/폭도다 간첩이다 물 먹여도" 무등산은 사랑으로 감싸고 기도한다. 이른바 '광주정신'으로 비겁한 자들을 오히려 용서하며 사랑으로 안는 무등산의 모습이다.

이처럼 '무등산'이라는 장소성은 비겁한 자들까지 껴안는 포용력을 지닌 것의 표상으로 나타난다.

이밖에 '광주'라는 장소성이 깃든 시편 「무등산 85」에서 "백번 천 번 올라도 또 오르고 싶은" '첫사랑 같은 그리움'을 간직하고 있다고 노래한다. 「무등산 가는 길」에서는 넉넉한 산 무등산을 기행 형식을 통해 곳곳에 새겨진 서사를 발굴한다. 무등산 가는 길에 만나는 '무지개다리' '토끼등' '바람재' '백운대' '너덜겅바위' '규봉암'의 의미를 묘파하며 장소성이 지닌 서사와 의미를 되새기며, 무등산 오르는 길을 "희노애락의 처절한 인생의 길"이라는 깨달음에 이른다.

6.

우리 민족문학의 가장 큰 과제는 분단이데올로기를 해소하는 데 있다. 그러나 거대담론이 사라진 오늘날 이른바 '분단시'를 쓰는 시인들이 사라졌다. 대신 미시담론에 집착하여 개인의 소소한 일상을 노래하는 시인들이 대부분이다. 그러나 분단된 지 70여 년이 더 지난 오늘에도 여전히 분단이데올로기의 해소는 유효하다. 오히려 분단이 더욱 고착화되어 마치 살얼음 위를 걷는 듯한 위태위태한 지경에 이르렀다. 뿐만 아니라 현실에 대한 위기의식이 둔감해지고 통일은 요원한 것처럼 보여진다.

이러한 시대에 박래흥 시인은 분단의 아픔을 껴안으며 통일지향의지를 보여준다. 한국전쟁의 현장을 바라보며 그날의 비극 위에서 새로운 생명이 움트는 것을 발견하기도 하고, 한국전쟁의 상흔을 껴안고 살아가는 노모의 안타까운 그리움을 그려내기도 한다. 한편으로 우리 내부의 통일의지를 확인하며 때로는 탄식을, 때로는 소망을 펼쳐 보인다.

이번 시집의 표제시 「철조망에 걸린 반달」은 분단 상황의 아픔과 통일지향 의지를 내보이고 있다.

철조망에 걸린 반달 보름달 될 때까지
하늘나라 샛별 된 누이동생 그리워
날마다 꿈길에 서서 기다리고 있겠소

6·25의 아픔이 사랑이 될 때까지
단종의 피눈물이 화룡포를 넘쳐도
날마다 긴 침묵으로 기다리고 있겠소

철조망에 걸린 반달 보름달 될 때까지
한 민족 세계사에 갈라진 한반도여
날마다 하나 될 영광 기다리고 있겠소

언어도 하나이고 역사도 하나인데
땅은 벽에 막혔어도 하늘은 열렸으니
한라산 독수리 되어 백두산을 날겠소

철조망에 걸린 반달 보름달 될 때까지
북한의 천연자원 남한의 선진기술
두 영혼 힘을 합하여 미래세계 열겠소

세월은 산을 깎고 바다를 메우는데
남남북녀 보듬고 덩실덩실 춤추며
천지가 감동하도록 노래하며 살겠소

철조망에 걸린 반달 보름달 될 때까지
미움 넘어 이념 넘어 휴전선 갈아엎어
사랑과 믿음으로써 에덴동산 만들겠소.

-「철조망에 걸린 반달」 전문

시제가 암시하듯 '철조망에 걸린 반달'은 '철조망'과 '반달'을 분단과 분단상황을 나타내는 기표이다. 반달이 보름달이 되듯 통일은 이루어져야 할 과제이며, 그것이 완성되었을 때는 철조망도 사라질 것이다. 그러므로 화자는 통일이 되는 그날까지 "하늘나라 샛별 된 누이동생 그리워/날마다 꿈길에 서서 기다리고 있겠"다고 한다. "하늘나라 샛별 된 누이동생"이 구체적으로 분단상황과 어떤 관계가 있는지는 드러나 있지 않지만 누이동생에 대한 그리움이 해소되는 날이 통일이 완성되는 날임을 밝히고 있다. 화자는 소망을 반복적으로 밝히고 있는데, 그 소망이 이루어지는 날이 통일이 되는 날임을 강조하고 있다. 화자가 통일을 지향하는 것은 "언어도 하나이고 역사도 하나"이기 때문인데, 화자는 간절하게 "한라산 독수리 되어 백두산을 날겠소"라고 분단이념 해소의 의지를 드러내고 있다.

다음의 작품 「내 영혼 바람 되어」에서도 분단이 가져온 실향의식과 그리움을 통해 통일의 염원을 노래하고 있다.

> 파아란 하늘에다 하이얀 구름으로
> 그림을 그리는 한줄기 바람 되어
> 할매가
> 꿈에도 그리는 대동강도 그리고
>
> 아빠가 넘어가다 쓰러진 철조망에
> 구름을 몰고 가는 한줄기 바람 되어
> 엄마가

애타게 그리는 아빠 얼굴 그리며

흑암의 우주에다 햇빛 달빛 전하고
꽃잎을 스쳐가는 한줄기 바람 되어
우리의
소원 하나 된 한반도를 그리리라.

-「내 영혼 바람 되어」 전문

시적 상징으로 '바람'은 '자유로운 영혼'을 의미한다. 화자는 '바람'이라는 시적 대상을 통해 분단으로 가지 못하는 "꿈에도 그리는 대동강도 그리고" "아빠가 넘어가다 쓰러진 철조망에" "한줄기 바람 되어" "엄마가/애타게 그리는 아빠 얼굴 그리며" "한줄기 바람 되어" 북녘땅을 가고 싶은 소망을 드러낸다. '바람'은 "파아란 하늘에다 하이얀 구름으로/그림을 그리"고, "흑암의 우주에다 햇빛 달빛 전하고/꽃잎을 스쳐가는" 능력을 가진 존재로 분단의 땅, 그리운 땅을 마음대로 오갈 수 있는 존재가 되고자 한다. 그럼으로써 마침내 "우리의/소원 하나 된 한반도를 그"릴 수 있기 때문이라고 한다.

이 외에 분단 상황을 형상화시킨 작품으로는 「할머니의 기도」, 「유언」, 「죽음을 넘어서」 등이 있다. 「할머니의 기도」에서는 새벽마다 정화수를 떠놓고 아들 손자가 잘 되길 비는 할머니의 기도를 통해 한국전쟁에 끌려간 큰아들의 무소식에 안타까워하며 그리워하는 모습을 그리고 있다. 이처럼 간곡한 할머니의 기도에 조응하는 화자는 "기도가 되어 내 영혼을 정화한다."고 노래하였다.

「유언」에서는 북녘에서 피란와 남녘에서 살고 있는 실향민의 비극을 통해 "북쪽은 팔아먹었다 남쪽 사람 모르게", 두고 온 땅을 북녘 사람들이 팔아먹은, 이른바 토지를 몰수한 북녘 체제의 사회주의를 원망하고 있다. 「촉석루 의암」에서는 임진왜란 때 진주 촉석루에서 적장을 안고 남강에 뛰어내린 논개의 의로운 죽음을 오늘날 "왜놈들 재벌이라고 보듬지는 말거라"며 우리가 어떻게 애국할 지에 대해 묻고 있다.

살펴본 것처럼 박래흥 시인의 이번 시집은 과거를 회상하는 형식의 시편들을 통해 순수했던 청년시절을 회상하며, 그때를 그리워한다. 그럼으로써 잃어버린 순수를 회복하려는 의지를 드러낸다. 더불어 그의 작품들의 한 켠은 장소성이 지닌 역사성과 고향의식을 고취하여 장소의 의미를 되새기고 근현대사의 비극을 되풀이하지 말자는 결의를 보여준다. 그리고 꽃의 시편에서는 꽃이 지닌 고유성과 인간의 삶을 살펴본다. 특히 이번 시집에서 귀한 것은 분단이데올로기를 해소하고자 하는 민족문학의 과제를 환기시키고자 하는 노력이다. 매우 적절하고 가치 있는 메시지이다.

박래흥 시인의 시집 『철조망에 걸린 반달』은 대부분 시조형식을 취하고 있고, 언어가 독자친화적인 일상 언어여서 친근하다. 오늘날 산문화 되어 가고 있는 우리시에 음악성을 되새기고 있음은 우리시의 미래를 제시하고 있어 매우 값지다 하겠다.